मरुथल में रिमझिम

मरुथल में बूँदा बाँदी सी
लोग है सोना चाँदी सी

ग़ज़ल और गीत

शुभ चिंतन

ग़ज़लों और गीतों का यह संकलन उन सभी मुफ़लिस लोगों
को समर्पित है जिनकी आवाज़ को समा'अत नहीं मिलती

अनुक्रमणिका

प्रस्तावना

वो रास्ता कहीं मेरे भीतर से होगा
जहाँ सामना मेरा ईश्वर से होगा

हर किसी को तलाश है रब की। ये इबादत तो प्यास है रब की। मैं अंधेरों से क्यों डरूँ, ज्योति मेरे ही आस पास है रब की। इंसान की सबसे बड़ी जुस्तजू है भगवान। लेकिन इसकी खोज का मार्ग उसके भीतर से ही जाता है। कविता या ग़ज़ल भी इसी जुस्तजू में एक ज़रिया है।

दूसरी बात ये कि सुख़न यानी ग़ज़ल या कविता आदमी से आदमी के बीच की खाइयों को पाटने का भी वसीला है। चाँद तारों तक रास्ते बन चुके हैं। लेकिन इंसानों के दरम्यान अभी भी खला बहुत है। इस अंतरिक्ष को भी पार करना ज़रूरी है।

या क़फ़स में क़ैद हैं या हैं नशेमन में छुपे
इस घने वन में दिखा उड़ता परिंदा कोई नहीं

चाँद तारों तक बिछा दीं इल्म ने सड़कें कई
आदमी से आदमी तक रास्ता कोई नहीं

सुख़न के ज़रिए भाषा यानी ज़बान को भी नई ऊँचाइयों पे ले ज़ाया सकता है। तसव्वुर और इबारत का रूह और बदन जैसा साथ है।

ग़ज़ल के ज़र्फ़ में उसको संजो के रख लेना
सुख़न तुम चाँद तक हिन्दी ज़बान ले जाना

हमें सफ़र में अपने साथ जान ले जाना
कड़ी है धूप, संग सायबान ले जाना

ज़िन्दगी सहरा में सराबों का सफ़र है। हम सभी लोग अपने चेहरे पर बहार लेकिन दिल को रेगज़ार किए रहते हैं। हर कोई सराबों के पीछे भाग रहा है। इस सच्चाई से इनकार नहीं किया जा सकता।

ग़ज़ल-गोई इस मरुथल में बौछार का काम करती है। ये मरुथल के तपते मौसम में बारिश की बूँदों की तरह है। ये व्याकुल मन को सुकून अता कर सकती है।

मरुथल में बूँदा बाँदी सी
चमके है सोना चाँदी सी

शुभ चिंतन

01.05.2023

1

सफ़र ख़ूबसूरत तो दिलबर से होगा

वो रास्ता कहीं मेरे भीतर से होगा
जहाँ सामना मेरा ईश्वर से होगा

किनारे करें लाख कोशिश भले ही
इश्क़ कश्तियों को समन्दर से होगा

मेरा ख़्वाब हद पार करता है, उसका
त'अल्लुक थोड़े मेरी चादर से होगा

जमाने ने जिसको कहा 'सादगी' है
मुझे तो इश्क़ उसी ज़ेवर से होगा

बहुत ख़ूबसूरत है तू रह-गुजर पर
सफ़र ख़ूबसूरत तो दिलबर से होगा

शहंशाह बोला, क़बूले ना उसको
जो सजदा सिर्फ़ ख़ौफ़ ओ डर से होगा

2

तू मुझसे बात तो कर आँख डाल आँखों में

ज़ुबाँ पे तल्ख़ फ़ैसला, मलाल आँखों में
तू मुझसे बात तो कर आँख डाल आँखों में

रह-ए-हयात की तारीकियों से डर कैसा
ओ हमसफ़र तू जला ले मशाल आँखों में

तुमने मुस्कान से ढकने की जिसे की कोशिश
हम वो भर लाये तेरा सूरत-ए-हाल आँखों में

ज़ुबाँ से तुमने चुभाये कई नश्तर मेरे
फिर चले आए ले के इन्दमाल आँखों में

यहाँ ज़बान की खामोशियों पे मत जाना
यहाँ के लोगों के देखो उबाल आँखों में

हिजाब ओढ़ महजबीं निभा दे रस्म-ए-हया
इश्क़ के रखियो पर मंजर सँभाल आँखों में

इन्दमाल = मरहम

3

वो हमारी ज़िन्दगी का फ़ैसला करता रहा

पीर छुपला कर, मसर्रत को बयाँ करता रहा
दोस्त मेरे, दोस्ती में, तू दगा करता रहा

मैं इबारत, जो कभी भी हर्फ़ भर बदली नहीं
हर कोई अपनी तरह से तर्जुमा करता रहा

जिस बशर को थी दलीलें सुनने की फ़ुरसत नहीं
वो हमारी ज़िन्दगी का फ़ैसला करता रहा

दैर में आया भगत करने को रब का शुक्रिया
पर वो तो लहजा बदल शिकवा गिला करता रहा

ज़र्फ़ मिट्टी का था, सोने सा गुमाँ करता रहा
था फ़क़त राजा जिसे ये जग ख़ुदा करता रहा

मसर्रत = ख़ुशी

4

आदमी से आदमी तक रास्ता कोई नहीं

ओ हुकूमत सुन मुसव्विर आपसा कोई नहीं
तेरी तस्वीरों में दिखता हादसा कोई नहीं

या कफ़स में क़ैद हैं या हैं नशेमन में छुपे
इस घने वन में दिखा उड़ता परिंदा कोई नहीं

वो समन्दर बेच गए थे नाख़ुदा के नाम पर
कश्तियाँ डूबीं तो मौजू नाख़ुदा कोई नहीं

चाँद तारों तक बिछा दीं इल्म ने सड़कें कई
आदमी से आदमी तक रास्ता कोई नहीं

आंसुओं से तर थे चेहरे, हँस रहा था वो मगर
जानता था सच ये, मुर्दा, ग़मज़दा कोई नहीं

जा रहा हूँ मैं मगर कल लौट के फिर आऊँगा
दर पे जो मौजू हैं, बोले अलविदा कोई नहीं

5

जो गूँजी थी वो तो सदा थी तुम्हारी

ख़त्म हो गई बे-नियाज़ी तुम्हारी
लो हमने तमन्ना जगा दी तुम्हारी

हमारे मरज़ की शिफ़ा बन के आई
दवा भी तुम्हारी, दुआ भी तुम्हारी

वो बरसी नहीं फिर भी सैरा गई दिल
थे गेसू के पैकर, घटा थी तुम्हारी

खबर मेरे आने की सुन कर हमेशा
ये सूरत सर-ए-आईना थी तुम्हारी

जियादातर तो बस बुदबुदाती रहीं हैं
जो गूँजी थी वो तो सदा थी तुम्हारी

बड़ी बेशरम सी हया थी तुम्हारी
हिजाबों में उल्फ़त नुमा थी तुम्हारी

6

गुस्ताख़ हवाओं को पसीना नहीं आया

बिखरी हुई साँसों को करीना नहीं आया
ज़िंद तो मिली पर ठीक से जीना नहीं आया

अश्कों को अपने तुम ने रिहाई क्यों नहीं दी
हिस्से में मेरे कोई नगीना नहीं आया

ख़ंजर उदास हैं कि सभी शर उदास हैं
अब तक कोई फ़ौलाद का सीना नहीं आया

जो पढ़ ना पाए तेरे इस चेहरे की उदासी
ये दोस्त तेरा होके ना-बीना नहीं आया

उजलत में ना रहो चले जाने की सनम तुम
लम्हों में छन के पूरा महीना नहीं आया

रौशन चिराग़ थोड़ा ज़ोर और लगाओ
गुस्ताख़ हवाओं को पसीना नहीं आया

ना-बीना = जिसे दिखाई ना दे; उजलत = जल्दी

7

क्या हल मुश्किलों के दिये ख़ुदकुशी ने

था इल्ज़ाम ख़ंजर के माथे पे, मुझको
मारा जमाने तेरी बेहिसी ने

अमूमन कहा हमसे सब औरतों ने
है दुनिया बनायी किसी आदमी ने

मरासिम हमेशा सगी बहनों जैसा
रखा है मोहब्बत से दीवानगी ने

क़यामत के दिन पूछना हर किसी से
क्या हल मुश्किलों के दिये ख़ुदकुशी ने

पस-ओ-पेश में रक्खा जब आगही ने
दिये हैं हमें फ़ैसले बेख़ुदी ने

8

इसी रेत में तो छुपे थे गुहर तुम

निगाहों में मेरी पहर दर पहर तुम
हमारी उम्मीदों के शाम-ओ-सहर तुम

जमाना जब हम पे सितम ढाएगा तो
यक़ीनन कहोगे कि थे बेख़बर तुम

मुलाक़ात लम्हों की दिल से करो तो
सनम हम से ले लो हमारी उमर तुम

हमें ख़्वाबों में दिखता है ये ही मंजर
मेरी आहटों पे रहे गोशबर तुम

तबस्सुम-ए-गुल मेरे दुनिया ने देखे
खिले जिनपे ये, साजना वो शजर तुम

ये दुनिया भले ही रही रेत-ए-साहिल
इसी रेत में तो छुपे थे गुहर तुम

गोशबर = कान लगाये हुए

9

कसौटी पे हमको जब चाहे परखना

पस-ओ-पेश में ख़ुद को जियादा ना रखना
कसौटी पे हमको जब चाहे परखना

चिराग़ों को वाँ पे जलाने से पहले
ज़रूरी है वाँ की हवाएँ परखना

जबाँ पे अगर चाशनी हो जियादा
तो तुम उस फ़र्द की निगाहें परखना

कड़ी धूप में तुम निकलते हो जिस पर
डगर के दरख़्तों के साये परखना

तुम्हारे लिए क्या हैं लोगों के लहजे
बिना रूबरू उनके आए परखना

10

अवाम बाट जोहती है, करामात करो

चाँदनी शब में सर-ए-ताज मुलाक़ात करो
इश्क़ करते हो तो इतना ना एहतियात करो

बदन-शनास है दुनिया, ये ध्यान में रखना
यहाँ पे दिल नहीं चेहरा दिखा के बात करो

मक़ाम माना जुदा हैं मगर डगर तो नहीं
सफ़र तो आप जानेजाँ हमारे साथ करो

अमानतें हैं लबों की, निगह में क्यों रखना
मैं हूँ हाज़िर जनाब, खुल के सवालात करो

शहनशाह ख़त्म हो चुका है मधुमास तेरा
अवाम बाट जोहती है, करामात करो

11

तुम गहनों से ख़ुद को सजा कर के रखना

ना दिल को हरम एक बना कर के रखना
ना हमको वहाँ पे ख़ुदा कर के रखना

मुझे हुस्न पे शायरी का हुनर है
तुम गहनों से ख़ुद को सजा कर के रखना

दवाएँ असर तो करेंगी मगर तुम
हमारे लिए एक दुआ कर के रखना

हमें बज़्म में साथ लेकर के जाना
तो क्यों वाँ पे हमको तनहा कर के रखना

गुनहगार थी मेरी मासूमियत ये
तुम्हारे से काहे गिला कर के रखना

मोहब्बत की तुम मुंतशिर सा'अतों को
ग़ज़ल में, सनम, सिलसिला कर के रखना

12

परायों के हक में दुआ कर के देखो

बहुत है तुम्हें जो गुमाँ ख़ुद पे, हमको
तुम यादों से अपनी जुदा कर के देखो

नहीं थाम पाओगे आँखों के झरने
हमें एक दिन अलविदा कर के देखो

मिटा कर हमें अपनी हस्ती से तुम
मेरी तस्वीर का सामना कर के देखो

सजन, कच्चे धागों की तौफ़ीक़ को तुम
ख़त्म एक दिन वास्ता कर के देखो

लबों पे यकीनन है इनकार लेकिन
निगाहों से हमको मना कर के देखो

तक़द्दुस में बेरंग सी लग रही हो तो
तुम जिंदगी को ख़ता कर के देखो

असर तुम पे उनका दवाओं सा होगा
परायों के हक में दुआ कर के देखो

27

तौफ़ीक़ = ताक़त; तक़दुस = पाक-साफ़

13

छत मिरी, आसमाँ हो जाती है

ख़ुद बहर पास अगर आए तो
तिशनगी गुम कहाँ हो जाती है

तू अगर साथ है तो हुज़रे की
छत मिरी, आसमाँ हो जाती है

आग सीनों में बर-करार रहे
बद-हुकूमत धुआँ हो जाती है

ख़त में तो बोलती बहुत है मगर
मिलती है, बेज़ुबाँ हो जाती है

ज़िन्दगी को ना संवारें हम तो
खूबसूरत कजा हो जाती है

बादशाह ने जिसे जलाया हो
उस दीये की 'हवा' हो जाती है

मौला को दैर में लाते रहना
ख़ुद-ब-ख़ुद आस्था हो जाती है

14

पढ़ा तूने, पर फ़ैसला दूसरे का

जन्म-गीत एक का ख़त्म करके हमको
था पढ़ना पड़ा फ़ातिहा दूसरे का

मेरे लब खुले जब भी मजलिस में,मैंने
उठाया है मसला सदा दूसरे का

कभी मैंने आँगन ना अपना सैराबा
चुरा कर के बादल घना दूसरे का

मेरी कामयाबी गर मेरी वजह से
तो क्यों हो नाकामी गुना'ह दूसरे का

मेरे दिल से खेली सियासत, पर चेहरा
निकह के लिए है चुना दूसरे का

अदालत मुझे तुझसे से ये एक गिला है
पढ़ा तूने, पर फ़ैसला दूसरे का

15

साँस लेने में किधर जाता हूँ

खूब पाता हूँ बुलंदी लेकिन
ज़मीन पे से उखड़ जाता हूँ

बेख़ुदी में ज़मीर याद मुझे
आगही में मैं बिसर जाता हूँ

बात करता हूँ रूहों की फिर भी
खूब-रू चेहरों पे मर जाता हूँ

कुछ शिकस्ता फलों के लालच में
छोड़ मैं पूरा शजर जाता हूँ

जब भी मंज़िल बेचैन करती है
मैं रास्तों पे उतर जाता हूँ

मुझको हासिल हैं किनारे, फिर भी
जाने क्यों सर-ए-भंवर जाता हूँ

अमर होने की दुआ देते हैं
जिनका मैं पी के ज़हर जाता हूँ

गाँव ख़त लिख के पूछे, शहरों में
साँस लेने मैं किधर जाता हूँ

16

सियासत तो चाहेगी मसले बनाए

फ़रज़ आईनों ने ना अपने निभाए
अक्स दाग़दारों के धुंधले बनाए

चिराग़ों को करके फ़ना आंधियों ने
ग़ज़ल के लिए मेरी, मतले बनाए

है दिल में बहुत कुछ, मगर बोलने में
ख़ुदा तूने सच सारे हकले बनाए

कहो रब से कि सौ समझदार के संग
फ़र्द चार छह अब से पगले बनाए

दीवारें जमाना खड़ी कर गया तो
है तुझ पे कि उनमें तू जंगले बनाए

रियाया तू सुलझाया कर ग़फ़लतों को
सियासत तो चाहेगी मसले बनाए

दिलों के अंधेरे भी सूरज मिटाए
नहीं सिर्फ़ चेहरे ही उजले बनाए

17

शहंशाह से कह दो हरम ले के आए

तलब-ए-सितम थी, रहम ले के आए
मैंने जियादा माँगा वो कम ले के आए

चलो ढक के पलकों को बातें करेंगे
ये मंज़र तो केवल वहम ले के आए

मेरी चुप्पियाँ उनको डसने लगीं क्या
वो इस बार रुख़, कर नरम, ले के आए

रियाया ने माँगे मुहाली के हल, पर
सदर-ए-रियासत भसम ले के आए

मैं था फूल, पहले से ज़ख़्मी था फिर भी
वो लोहे को करके गरम ले के आए

है लरजे जिया रानी का मक़बरे में
शहंशाह से कह दो हरम ले के आए

इमा से कहा साफ़ ये महजबीं ने
ख़ुदा को नहीं, वो सनम ले के आए

कठिन शब्द केवल सजावट करेगा
ग़ज़ल के लिए वो फ़हम ले के आए

18

कतरा महलों के भीतर, बाहर जलधारा हो जाता हूँ

अन्धों को राह दिखाता हूँ,
जब आवारा हो जाता हूँ
कतरा महलों के भीतर,
बाहर जलधारा हो जाता हूँ

मंदिर के पत्थर ने मुझसे
अपना ये दर्द बयान किया
इस चार-दीवारी में रहकर
मैं नाकारा हो जाता हूँ

जब संध्या को मुझ सूरज के
ढलने की सा'अत आए तो
आँखों में तेरी सजता हूँ
और सय्यारा हो जाता हूँ

तू भी तनहा, मैं भी तनहा
क्यों इन बज़्मों में रहते हैं
चल तू एक बंजारन हो जा,
मैं बंजारा हो जाता हूँ

ग़र था मैं कड़वी यादों सा
तो मुझको तू बिसरा दे ना
ग़र था मैं तेरा इश्क़ तो
ले मैं दोबारा हो जाता हूँ

19

सय्याद अन्दलीब आसमाँ को दे आया

चिराग़ जलता हुआ था, हवा को दे आया
मैं अपना दिल ये किसी बेवफ़ा को दे आया

चकोर कहता है मुझसे कि उसका चाँद चुरा
कोई लुटेरा जा के कहकशां को दे आया

कब्रनशीन हो के बोलता है पीर-ए-मुगां
वो ख़ुद ही रूह को वापस ख़ुदा को दे आया

इश्क़ ऐसा हुआ तारी कि खोलकर पिंजरा
सय्याद अन्दलीब आसमाँ को दे आया

गुलाब क़ैद अचकनों में बादशाह ने रखा
ना जाने कौन था, ख़ुशबू फ़ज़ा को दे आया

अन्दलीब = बुलबुल

20

कश भले ही ना लगे, धुआँ उड़ा कर रखना

दिल के बाज़ार में चेहरे को सजा कर रखना
गर्द क़ालीन के नीचे ही दबाकर रखना

आँधियों को नहीं बख्शी है उमर ईश्वर ने
अपनी आँखों में चिराग़ों को जला कर रखना

ज़िन्दगी है तो इश्तिहार ज़रूरी होगा
कश भले ही ना लगे, धुआँ उड़ा कर रखना

कह नहीं पाये वो होठों से दिली ये ख्वाहिश
उँगलियों को सनम गेसू में फँसा कर रखना

मुझको दरबार-ए-शहंशाह में ले जाते हो
मैंने सीखा नहीं मस्तक को झुका कर रखना

दाग़ लग जाने से क्या चाँद फ़ना होता है
ज़िन्दगी से सब मलालों को हटा कर रखना

21

अजीब चोर हो, तुम रंजो ग़म चुराते हो

जिंद में, जिनकी हम महवे तलाश रहते हैं
वो, अमूमन, हमारे आस पास रहते हैं

मुझे बताया गया, ग़ैर हाज़िरी में मेरी
हबीब ख़ुश, परिंदे उदास रहते हैं

दिखे ना ज़ख़्म कोई, दर्द मगर हावी है
मेरे बदन में तुम्हारे भी त्रास रहते हैं

ख़ुमार में हो मेरे, आगही पे मत जाना
अक्स तुम्हारे तो पस-ए-हवास रहते हैं

अजीब चोर हो, तुम रंजो ग़म चुराते हो
हमारे दर्द के बर्तन ख़लास रहते हैं

पस-ए-हवास = बेख़ुदी

22

बादशाह, पीर के दरपेश, भिखारी हो जा

सर-ए-दरगाह, अहंकार से आरी हो जा
बादशाह, पीर के दरपेश, भिखारी हो जा

तेरे बन्दों को तो जादू की है दरकार ख़ुदा
रूबरू आए ग़र उनके तो मदारी हो जा

काम आए नहीं हथियार शहंशाह तेरे
जंग करनी है फ़तह तो अब जुआरी हो जा

शहीद लाए थे जम्हूरियत तुझे मंदिर सा बना
किसने दी तुझको नसीहत कि बाज़ारी हो जा

इससे पहले कि ख़ुदा से कुछ नया माँग बशर
जो मिल चुका है तुझे, उसका आभारी हो जा

23

सुना है तू भी मकीं मेरे ही दयार में है

खड़ा तू काहे कुदालों के इंतज़ार में है
गौर से देख बना रास्ता दीवार में है

शगुफ्ता गुल पे कभी शे'र मैं नहीं लिखता
शिकस्ता बर्ग मगर तू मेरे शुमार में है

तमाम उम्र जो चाबुक तले रक्खा हम को
सर-ए-जनाज़े रिवाजन वो सोगवार में है

किसी भी राह पे मिलना नहीं हुआ अपना
सुना है तू भी मकीं मेरे ही दयार में है

दरद जो उसने दिये, पालने हैं सिर्फ़ मुझे
वुजूद मेरा पर औरों के इख़्तियार में है

मैं हुक्मरान से आँखें मिला ये कह पाया
कि वो एक जिंस है, बिकने खड़ा बाज़ार में है

24

शहज़ादी इश्किया हुई, बीमार नहीं है

कदमों में रवानी तो है, रफ़्तार नहीं है
मिलने का अभी तक तू तलबगार नहीं है

जिस म्यान से डर डर के गुज़ारी मैंने उम्र
मालूम हुआ उसमे कोई तलवार नहीं है

आख़िरश ताजिरान सियासत में आ गया
बेहतर नफ़े का दूजा कारोबार नहीं है

आया है अयादत को जो हुजूम, जान ले
शहज़ादी इश्किया हुई, बीमार नहीं है

जो तुझमें नहीं है, उसे प्रतिबिंब में लाऊँ
दर्पण ये अभी तेरा क़र्ज़दार नहीं है

25

ये तो बाज़ार है, लाशों से नफ़ा करता है

आग जिसमें नहीं याँ वो भी धुआँ करता है
दिल नहीं, हाट में चेहरा ही सजा करता है

तू तो ज़िन्दा है तेरा भाव भी लग जाएगा
ये तो बाज़ार है, लाशों से नफ़ा करता है

हमको तस्वीरें मसीहाओं की देने वाले
ये बता कौन है जो सच में शिफ़ा करता है

उससे मत पूछ तू वादों को निभाने का चलन
वो तो क़ाज़ी है फ़क़त तय जो निका' करता है

मुझको हर शै का गुनहगार ठहराने वाले
फिर ये मत कह कि जो करता है ख़ुदा करता है

उसमें रब की शकल देखे है पसीना-तर माँ
छोटा बच्चा इक जब पंखे से हवा करता है

देख के कुर्सी को एक अहल-ए-मैकदे ने कहा
ये वो पैमाना जो ताक़त का नशा करता है

26

कहो ये उससे कि आकर के आब-जू में मिले

हवाले आपके हमको हर गुफ़्तगू में मिले
हमें तो अक्स तुम्हारे हर ग़ैर-रू में मिले

हुजूम हो गये यकज़ा सर-ए-मक़ाम मगर
वो सिर्फ़ आप थे वाहिद, हमें शुरू में मिले

किनारे बैठ मेरा हाथ माँगता है जो
कहो ये उससे कि आकर के आब-जू में मिले

चश्म-ए-बेदार में ढलते हुए सूरज से तुम
पलक ढकीं तो फ़लक पे हमें तुलू में मिले

अहमियत ताज की मुमताज़ के लिए ये फ़क़त
इसी बहाने शहंशाह उसे सुकूँ में मिले

आब-जू = नदी; तुलू = उगता हुआ

27

दर्द से भी ग़ज़ल निकालोगे

मुश्किलातों का क्या बयान करें
कौन सा इनका हल निकालोगे

आप को खूब जानते हैं हम
दर्द से भी ग़ज़ल निकालोगे

खण्डहर हो चुकी उम्मीदों से
तुम दोबारा महल निकालोगे

तुम हो शायर, तुम आईनों से नहीं
रेत में से शकल निकालोगे

आरुषि रोज़ मुझसे कहती है
गुनगुनाती है, सबा बहती है

आज तुम मेरे वास्ते साजन
शर्तिया चार पल निकालोगे

ये सियासत, ये दीन-ओ-मज़हब
ज़्यादा कहना तो ठीक ना होगा

बस इशारा है, सुखनवर तुम ही
कीच में से कमल निकालोगे

आरुषि = सूर्य की प्रथम किरण

28

ज़िन्दगी बोला, कलंदर ख़ाक ले के आ गये

हुक्मरानों से फ़क़त शिकवे गिले कर आ गये
शोले सीने में ही वापस साथ ले कर आ गए

एक सी राहें, मसाफ़त भी रही यक्साँ मगर
ताज सर पे तुम, हम पा पे घाव ले कर आ गये

आज तुमने आदिली का फ़र्ज़ कुछ चुकता किया
आज तुम इजलास में कुछ फ़ैसले कर आ गये

कैनवस, कूची बिना तस्वीर उम्दा खींच दी
ज़िन्दगी बोला, कलंदर ख़ाक ले के आ गये

अश्क़ यकजा मुद्दतों से थे, निकासी ना मिली
आप तो दीवार में सूराख ले कर आए

29

नज़र घुमा ले सभी के गिलास आधे हैं

सुरूर रूह के, तुमने हमें नवाज़े हैं
अभी तलक सब किताबों में फूल ताजे हैं

उसी पे चल के मक़ाम-ए-अज़ीम पाएँ हैं
जहाँ की नज़्र में जिस रह पे ख़ामियाज़े हैं

उधार हमने कभी जो ना ज़िन्दगी में लिये
तमाम उम्र उन्हीं के हुए तक़ाज़े हैं

हर एक घूँट पे मातम मनाने वाले सुन
नज़र घुमा ले, सभी के गिलास आधे हैं

जो पा तले हैं वो पत्थर ये ख़्वाब देखेंगे
वो बन के देवता मंदिर में जा विराजे हैं

30

तेरे ख़्यालों से रोशनाई थी

मेरी हर्फ़ों से आशनाई थी
पर इबारत में रू-नुमाई थी

सीमो-जर में नहीं मिली वैसी
ख़ाक तुझमें जो पारसाई थी

बंद आँखों में साफ़ था मंजर
आँख खोली तो धुँध छाई थी

जब जब तनहा रहा, क़रीब मेरे
जैसे कायनात सिमट आई थी

स्याह शब से क्या डरना, हम पे
तेरे ख़्यालों की रोशनाई थी

आके दामन में गिर गई मंज़िल
जब मिली तेरी रहनुमाई थी

31

आज दर तक मेरे ख़ुदा आए

तेरे बोसे में वो अदा आए
रूह तक गूंजती सदा आए

तुम दलीलें करो ख़त्म तब तो
मेरे होठों पे फ़ैसला आए

हर इबारत कई दफ़ा पढ़ना
ताकि नज़रों में हाशिया आए

रत्न दरबार के बनेंगे वो
जिनको उँगली पे नाचना आए

प्रेम के भेस में कहीं तुम तक
ध्यान रखना ना वासना आए

ज़ख़्म तनहा-पसंद नहीं होते
चाहते हैं कि दूसरा आए

आज घर में लगाऊँगा सजदे
आज दर तक मेरे ख़ुदा आए

32

ख़ुदा के नाम पे कितने मकान रहते हैं

इस कफ़स में परिंद दर-उड़ान रहते हैं
पलक को ढक लूँ तो मंजर जवान रहते हैं

बदन पे ज़ख़्म अगर सूख भी गये तो क्या
रूह पे ता-ए-क़यामत निशान रहते हैं

मेरा दामन, मेरे शाने, मेरी बाहों के घेरे
मेरे जिस्म में कई साएबान रहते हैं

सुकूत से बड़ा भरम नहीं होता कोई
हमेशा इसकी ओट में तूफ़ान रहते हैं

सनम-कदा है, हरम है कहीं गुरुद्वारा है
ख़ुदा के नाम पे कितने मकान रहते हैं

तुम्हें भी एक दिन रुसवा ये तख़्त कर देगा
आ देखें आप भी कब तक महान रहते हैं

33

ये ज़मीं गुलबदन सी लगती है

शूल इतने चुभे फ़लक पे, कि
ये ज़मीं गुलबदन सी लगती है

इश्क़ सच्चा हो तो लबों पे नहीं
ऑंख में तिशनगी सी लगती है

ज़िन्दगी हो रही पुरानी पर
हर ख्वाहिश नई सी लगती है

एक में जश्न मन रहा है तो
सौ घरों में गमी सी लगती है

इस इबारत में रू-नुमाई है
ये ग़ज़ल आपकी सी लगती है

34

फूल सरहद बाँट लें, ख़ुशबू परिंदों सी उड़े

जिस्म पाया है तो अच्छा काम होना चाहिए
इस लिफ़ाफ़े में कोई पैग़ाम होना चाहिये

दिल को हमने सौंप दी अपनी सदारत तो ज़ेहन
तुझ को अब उसका कोई ख़ुद्दाम होना चाहिए

अपने काँधों पे इजाज़त तुमने सर रखने की दी
इस दवा से दर्द में आराम होना चाहिए

फूल सरहद बाँट लें, ख़ुशबू परिंदों सी उड़े
जंग का वाहिद यही अंजाम होना चाहिए

एक मसीहा वो, शिफ़ा गुमनाम रह करता रहा
एक मसीहा ये, ब-ज़िद कि नाम होना चाहिए

35

अहबाब की हमदर्द निगाहों में शिफ़ा थी

हंगामों में नाचीज़ की हस्ती ही कहाँ थी
वो तो किसी शिकस्त हुए दिल की सदा थी

हमने हर एक दर्द को ये कह के भुलाया
जो भी हुआ है उसमे सितारों की रजा थी

रौशन चिराग़ मेरी बेहिसी से बुझा था
कागज में गुनहगार भले तेज हवा थी

मरहम बिना ही ज़ख़्म मेरे सूखने लगे
अहबाब की हमदर्द निगाहों में शिफ़ा थी

मैयत पे चार पल में ही पूरी बिखर गई
दरबार में जो भीड़ मुद्दतों से जमा थी

हर दर्द था पिन्हान, हर एक पीर निहाँ थी
चिट्ठी में तेरी यार बस खुशहाली बयाँ थी

36

गुनाह जो ना किया, कर लिया कुबूल मैंने

मिला जब उन से तो दोहराई नहीं भूल मैंने
गुनाह जो ना किया, कर लिया क़बूल मैंने

तेरी निगाह में अपने लिए सना पाकर
हर एक आईने को कह दिया फ़िज़ूल मैंने

मेरे क़त्ल का गुनहगार इस जगह तो नहीं
किसी के हाथ में देखा नहीं है फूल मैंने

उसने इल्ज़ाम तग़ाफुल का लगाया मुझपे
जिसकी तस्वीर पे लगने नहीं दी धूल मैंने

हमको सिखला के गया था, मगर जमाने को
चाक करते हुए देखा वही उसूल मैंने

तग़ाफुल = उपेक्षा; सना = प्रशंसा, स्तुति

37

काहे हाकिम को ख़ुदा करता है

सर तेरा इतना झुका करता है
काहे हाकिम को ख़ुदा करता है

ज़ख़्म महफ़ूज़ नमक से रखना
आजकल कौन शिफ़ा करता है

पूछ लेता हूँ पत्थरों से मैं
वो छुपी आग का क्या करता है

जब बुझाया गया तो चुप था दीया
नींद में हवा हवा करता है

कहीं ना भाग रहा है अल्लाह
दम-ए-सजदा क्यों गिला करता है

ग़र ये जन्नत है तो लिख कर दे दे
यहाँ हर शख़्स वफ़ा करता है

हमसे सँभलेंगे नहीं दो आंसू
और तू अब्र घना करता है

38

आप सूरज की तरह मगरूब होना सीखिए

रोज़ अपने आप से मंसूब होना सीखिए
आप सूरज की तरह मगरूब होना सीखिए

लोग समझेंगे तपिश की अहमियत ना जब तलक
आप कुछ कुछ सर्दियों की धूप होना सीखिए

मुद्दतों वाला निकह फिर से नया हो जाएगा
आप शौहर खूब हैं, माशूक़ होना सीखिए

पुरसुकूं बीतेगा, चाहे हो क़यामत का सफ़र
अजनबी लोगों से ग़र मानूस होना सीखिए

संगसारी तो जमाने का पुराना शौक़ है
दिल के शीशों से कहें मज़बूत होना सीखिए

मगरूब = ढलना

39

हम भी जाकर पत्थरों पे सर पटक कर आ गये

हम अना को ताक पर जिस रोज़ रख कर आ गये
कितने सारे फ़ासले हम में सिमट कर आ गये

आईने में आज हमको अक्स अपना देख कर
यूँ लगा हम अपनी जानिब रह पलट कर आ गये

सिर्फ़ हल्का सा हमें झटका दिया था वक़्त ने
उस के दम पर हम हज़ारों को परख कर आ गये

मल्लिका ने ओस के कतरों की फ़रमाइश करी
उसकी पलकों पे कई बादल बरस कर आ गये

पैरवी कोई ना थी, दरख्वास्त रख कर आ गये
हम भी जाकर पत्थरों पे सर पटक कर आ गये

40

गोयाई निगह में बला की मिलेगी

सिफ़त ये हर एक बेज़ुबाँ की मिलेगी
गोयाई निगह में बला की मिलेगी

अंधेरों से लड़ते हुए हर दीये को
यकीनन ख़िलाफ़त हवा की मिलेगी

तुम अपनी हथेली पे रख के जो दोगे
दवाओं को ताक़त दुआ की मिलेगी

तुम्हारी ही दुनिया तो होगी वो जिसकी
मेरे दिल में जाँ तुमको झाँकी मिलेगी

बहुत शोर पाओगे तुम मजलिसों में
कमी पर सही मुद्द'आ की मिलेगी

बाज़ारी करम से जो मंदिर बने तो
तिजारत वहाँ आस्था की मिलेगी

गोयाई = बोलने की शक्ति

41

थे दैर ओ हरम में बाज़ारों के क़िस्से

सुनाता रहा नाख़ुदा, गर्क होती हुई
कश्तियों को किनारों के क़िस्से

अधूरी रही जिस की अपनी कहानी
थे उसकी जबाँ पे हज़ारों के क़िस्से

मैं इतिहास में खोजता दर रहा, मुझको
मिलते रहे बस दीवारों के क़िस्से

अब हूरों की संगत से निकलो मसीहा
सुनो हमसे घायल, बीमारों के क़िस्से

मैं वादी से लेके हूँ लौटा, वहाँ
की निगाहों में बसते फ़व्वारों के क़िस्से

तिजारत ही लगती है भगवान हमको
थे दैर ओ हरम में बाज़ारों के क़िस्से

42

तू ख़ुद में सिमट कर लगे बिखरा बिखरा

लफ़्ज़ दर लफ़्ज़ कोह-ए-पीर पिघला
समझते थे पत्थर वो पानी सा निकला

मैंने जिन बुतों को दी गोयाई उन के
लबों पे मुझे छोड़ हर एक का ज़िकरा

मुझे आईने ने बताया कि दिल को
किया साफ़ मैंने तो चेहरा भी निखरा

मेरे दोस्त तुझ से कहूँ बात सच्ची
तू ख़ुद में सिमट कर लगे बिखरा बिखरा

समाए हुए है पूरी दास्ताँ को
ग़ज़ल तेरा ये चंद लफ्जों का मिसरा

43

वफ़ा आजकल जैसे जागीर हो गई

जो पढ़ने लगे तो, हर्फ़, पीर हो गई
बिसमिल की खामोशी तहरीर हो गई

बिखरती थी जो खुशबुओं सी मुफ़त वो
वफ़ा आजकल जैसे जागीर हो गई

मैं सर अपना ऊँचा उठाए रहा तो
मियानों में वापस हर शमशीर हो गई

हमारा जो उसमें बना अक्स, शीशा
समझता है कि उससे तामीर हो गई

मैं दर से रवाना लगा होने उसके
तो चौखट मेरे पा में ज़ंजीर हो गई

44

मैं तहरीर, तुम दस्तख़त बन के आए

वरक़ पे हम दोनों हरफ़ बन के आए
मैं तहरीर, तुम दस्तख़त बन के आए

मेरे दिल में है ख़ैर म'कदम तुम्हारा
भले ही तुम इसमें दरद बन के आए

बेदारी में थे बुलबुले सा'अतों के
मगर ख़्वाब में तुम बरस बन के आए

नकारा गया मेरा अस्तित्व जब भी
तुम्हीं थे जो इसकी सनद बन के आए

बढ़ी भूख जीवन की जब ख़्याल तेरे
तसव्वुर में मेरे रसद बन के आए

45

सफ़ीर फिर से रह-ए-ज़िन्दगी पे आएगा

जब दिल-नवाज़ का बोसा जबीं पे आएगा
तभी जमाल-ए-हुस्न नाजनीं पे आएगा

ज़मीन आसमाँ पे तंज कर गई कि परिंद
उतर के आख़िरश वापस हमीं पे आएगा

कजा तू सिर्फ़ एक मोड़ है जिस से होकर
सफ़ीर फिर से रह-ए-ज़िन्दगी पे आएगा

मैं उस पे दर्ज करूँ कोई भी पता लेकिन
परिंद ले के मेरा ख़त तुम्हीं पे आएगा

मैं जानता हूँ कि वो दर से मेरे गुजरेगा
कहेगा घर मेरे वो वापसी पे आएगा

46

मोहब्बत में वो ना-गहानी नहीं है

लफ्ज तो हज़ारों, कहानी नहीं है
समन्दर तेरे में रवानी नहीं है

खुलूस-ए-इश्क़ जिस में क़ायम, वो शादी
सदी आधी बीते, पुरानी नहीं है

है कागज के फूलों से गुलज़ार दुनिया
वो पहली सी अब बागबानी नहीं है

अब दे इत्तिला मिलने आते हैं आशिक़
मोहब्बत में वो ना-गहानी नहीं है

सदा आँखों से भी निकलती है गाहे
बुतों में यहाँ बेज़ुबानी नहीं है

47

मुकाँ पे चुप, मियाद-ए-सफ़र बढ़ाता गया

मैंने मना किया पर रब उमर बढ़ाता गया
मुकाँ पे चुप, मियाद-ए-सफ़र बढ़ाता गया

उसने तासीर दवाओं की ना बदली लेकिन
वो दोस्तों की दुआ का असर बढ़ाता गया

अपनी शमशीर से सर तो ना कलम मेरा किया
हरीफ़ मन में मेरे उसका डर बढ़ाता गया

ज़मीन जो ख़ुदा ने ज़ंगलों के नाम लिखी
ग़बन कर आदमी, उस पर शहर बढ़ाता गया

मकान मेरा भले ही सिकुड़ता जाता था
मगर मैं उसमें बसा था जो घर, बढ़ाता गया

48

सुना है आप बन फ़रिश्ता, आदमी ना रहे

फ़लक-नशीन हुए, अहल-ए-जमीं ना रहे
सुना है आप बन फ़रिश्ता, आदमी ना रहे

हमारे सर पे ये इल्ज़ाम कि हम हम ना रहे
भूल गये आप ये कि आप आप भी ना रहे

हमारा त'अल्लुक दुनिया से तर्क हो ऐसे
कि रूह छोड़ के जाए तो ख़ाक भी ना रहे

हमें पता है ये रिवाज तेरी महफ़िल का
कि दिल के रंज की चेहरे पे बानगी ना रहे

नये निज़ाम से उम्मीद फ़क़त इतनी है
कि काम हो ना हो, बातों से शेख़ची ना रहे

गँवा दी हमने अपनी हैसियत तो क्या ग़म है
इसी बहाने आसर्तीं में साँप भी ना रहे

49

इबादत कोई कोई दिन, तमाशा रोज़ होता है

अगन दिखती नहीं लेकिन धुआँ सा रोज़ होता है
इबादत कोई कोई दिन, तमाशा रोज़ होता है

मैं साहिल हूँ, नदी तेरा भरम ये कैसे तोड़ूं कि
समन्दर तेरी चाहत में तो प्यासा रोज़ होता है

सुनो अहल-ए-सहाफ़त तुम कभी मायूस ना होना
हुकूमत का कोई ना कोई खुलासा रोज़ होता है

बहुत अरसा हुआ जब एक ख़ता मुझसे हुई होगी
मगर अब भी हमारा दिन सजा सा रोज़ होता है

मुझे बाँके-बिहारी कह दिए कि ख़ूब देता हूँ
मगर फिर भी तेरे हाथों में काँसा रोज़ होता है

सहाफ़त = पत्रकारिता

50

कहीं गूंज थी अलख निरंजन की

नियति ने जीवन छीन लिया
तब निंदा थमी है क्रंदन की

घायल पंछी को ज़रूरत थी
मानव तेरे संवेदन की

आकाश में उड़ते भी हमको
आती थी गंध तेरे तन की

ज़ंजीरों में रख के कर दी
परिभाषा सँकरी बंधन की

जो अनघ प्रेम है उस में तो
वो शक्ति है आकर्षन की

प्रेमी रहते हों दूर भले
छवि बनती है आलिंगन की

कहीं शिव शंभू का महा-नाद
कहीं गूंज थी अलख निरंजन की

काशी में उतरे तब जानी
समरसता जीवन-दर्शन की

51

सुख़न तुम चाँद तक हिन्दी ज़बान ले जाना

मिलो तो हमसे क़ीमती सामान ले जाना
तुम हमसे एक नई दास्तान ले जाना

परिंद तुमको अगर पंख पे भरोसा हो
तो हमसे अपने लिए आसमान ले जाना

मैं उसकी आयतों को आचरण में रखता हूँ
काहे जुज़दान में रख के कुर'आन ले जाना

ग़ज़ल के ज़र्फ़ में उसको संजो के रख लेना
सुख़न तुम चाँद तक हिन्दी ज़बान ले जाना

हमें सफ़र में अपने साथ जान ले जाना
कड़ी है धूप, संग सायबान ले जाना

52

फ़स्ल-ए-गुल हो गई पियादों की

कर नुमाइश ना फ़क़त वादों की
हमको सूरत दिखा इरादों की

है सियासत तू क़ब्रगाह जिसमें
दफ़्न लाशें हैं एतमादों की

रोज़ जनता हलाल होती है
ईद मनती है शाहजादों की

हम शहीदों ने सर पे ढोई ख़िज़ाँ
फ़स्ल-ए-गुल हो गई पियादों की

आधे गुमराह कर दिये हैं गये
बोलती बंद बाक़ी आधों की

53

तुझे ये इल्म मज़ाजी मिटायेगा दुनिया

हर एक शय जो पुरानी दिखाई देती है
सुखन को उसमे कहानी दिखाई देती है

तुझे ये इल्म मज़ाजी मिटायेगा दुनिया
लकीर सर-ए-पेशानी दिखाई देती है

तुम्हारे बोलने से पहले ही आँखों में
ग़ज़ब की तल्ख़ बयानी दिखाई देती है

चाँद, मैं सच कहूँ कि ताज से लिपट कर ही
चाँदनी रूप की रानी दिखाई देती है

ग़म को सीने में ही पिन्हान नहीं रख लेना
जहाँ को अश्क़-फ़िशानी दिखाई देती है

54

तिरे बदन पे पुराने लिबास जँचते हैं

नये नये ये पैरहन ना आज़मा दुनिया
तिरे बदन पे पुराने लिबास जँचते हैं

गिले निगाह में और सुर्ख़ गुल किताबों में
आज भी इश्क़ को ये सब रिवाज जँचते हैं

अहम को आशियाँ दस्तार में नहीं देना
अहम तो पा में जुराबों के पास जँचते हैं

ये सियासत कोई दानिशवरों का खेल नहीं
इस मैकदे में तो ख़ाली गिलास जँचते हैं

वो साथ हों तो कहीं छुपने का मन होता है
वो मेरे वास्ते महवे तलाश जँचते हैं

55

सर-ए-दरगाह निज़ाम आया है

पेश करने सलाम आया है
सर-ए-दरगाह निज़ाम आया है

हमने समझा बस राह पूछेगा
दर्द करने क़याम आया है

ज़िन्दगी तेरा सफ़र जारी है
हसरतों में विराम आया है

मल्लिका, लांघ कर फ़सीलें सब
तेरे दिल तक गुलाम आया है

हम हैं साहिब-ए-मयक़दा फिर भी
लब तले ख़ाली जाम आया है

शुक्रिया तेरा कजा, आख़िर में
कोई ख़त अपने नाम आया है

56

ईमान के रस्ते पे सफ़र बावले करें

ख़ुद पे गुमान इतना नहीं आईने करें
दम हो तो नज़र से मिरी मुक़ाबिले करें

तलवों पे आबलों के दर्द बेहिसाब हैं
ईमान के रस्ते पे सफ़र बावले करें

हमको इमारतों से नहीं दुश्मनी कोई
पर उनके साथ साथ चमन भी हरे करें

हमको इस कहकशां से टूटने में ना मलाल
ग़र आप बाजुओं में हमें थाम ले करें

कभी कुछ कदम हमारे साथ राह पे चलें
कभी बैठ गुफ़्तगू दरख़्त के तले करें

मैं ये नहीं कहता कि वो हक़ में मेरे करें
पर वक़्त पे हुज़ूर आप फ़ैसले करें

57

दर्द संग में जमात ले आए

लफ़्ज़ नक़ली बारात ले आए
खामुशी से ही मायने आए

खूब-रू चिलमनें हटाईं तो
निकल चेहरे डरावने आए

गये दरबार में जो जंगल से
शेर वो, बन के मेमने आए

इश्क़ ने एक को दिया न्यौता
दर्द संग में जमात ले आए

चाल वो ही बनी रही सबकी
सिर्फ़ चेहरे ले दूसरे आए

उम्र करके ख़रच मोहब्बत में
हाथ में अपने वाक़िए आए

जब भी मौसम लतीफ़ थे अपने
अक्स दुनिया के धुंधले आए

58

जाने किस किस की चाल में है तू

तब तलक ही ख़्याल में है तू
जब तलक इस्तेमाल में है तू

मिस्ल-ए-पासा है कैफ़ियत तेरी
जाने किस किस की चाल में है तू

ख़ुद को आज़ाद समझता है परिंद
हमसे कहता है जाल में है तू

तेरे बेड़े हैं आसमानों में
आदमी ख़ुद पाताल में है तू

हमने अश्क़-ए-हबीब से बोला
अब तो मेरे रूमाल में है तू

मेरे चेहरे की शिकन देख रहे
आईने ख़ुद जवाल में है तू

सुबहो मैयत पे रो रहा था मेरी
शाम को फिर धमाल में है तू

59

तुम्हें देखा, तभी ताबीर मेरे ख़्वाब की निकली

हटाई बर्फ तो उसमें शक्ल अहबाब की निकली
तुम्हें देखा, तभी ताबीर मेरे ख़्वाब की निकली

ग़लतफ़हमी में जिसको शोख़ियाँ मौला समझ बैठा
चश्म-ए-नाजनीं की वो अदा आदाब की निकली

मेरे हाथों में मरहम की उन्हें शीशी नज़र आई
वो ऐसे खुश हुए कि जान अब तो घाव की निकली

मेरी ग़ज़लों को सुन के कल जो पूरी रात खनकी थी
करी दरयाफ़्त तो पायल किसी शहनाज़ की निकली

उसे छूते ही मुझपे आंसुओं की हो गई बारिश
जिसे पत्थर की समझा था वो मूरत आब की निकली

60

अपना चेहरा नया बना दुनिया

रूबरू रख ले आईना दुनिया
फिर सुना तू मुझे सजा दुनिया

मैं तो एक जश्न था मगर मुझ पर
बन के गुज़री तू हादिसा दुनिया

पैरहन की तरह बदलती है
आए दिन अपना तू ख़ुदा दुनिया

मैं इबारत हूँ बेतगीर, मेरा
रोज़ बदलेगी तर्जुमा दुनिया

पहले तो क़त्ल कर दिया मुझको
हो गई फिर तू नौहा-ख़्वां दुनिया

कितनी सदियाँ गुजर गयीं अब तो
अपना चेहरा नया बना दुनिया

बेतगीर = जो बदलता ना हो; नौहा-ख़्वां = विलाप करने वाले

61

आज तू ख़ुद को मयस्सर कर ले

या मसाफ़त-ए-पुर-ख़तर कर ले
या फ़क़त ज़िन्दगी गुजर कर ले

रम्ज तफ़सील में खुल जाएगा
तू क़सीदे को मुख़्तसर कर ले

अपनी आँखों में अश्क़ रोके मैंने
तू ना अपनी में समन्दर कर ले

कोई शजर चाक ना पाया इस पर
राह-ए-वीरान पे सफ़र कर ले

पूरी दुनिया को जीतने वाले
आज तू ख़ुद को मयस्सर कर ले

मैं धनक नभ में बनाऊँगा, तू
अपने पैरों पे महावर कर ले

62

लिटाया साथ काँसा जाएगा

वो कहते हैं अदम तक संग उनके
ये इकलौता असासा जाएगा

फ़क़ीरे ज़िद पे हैं कि मरक़दों में
लिटाया साथ काँसा जाएगा

ये मिट्टी ना अबस होगी कभी भी
तुम्हें फिर से तराशा जाएगा

जबीं पर थम गया है लम्स तेरा
कलेजे तक दिलासा जाएगा

अगर शमशीरें नाकाफ़ी रहीं तो
सभा में फेंका पासा जाएगा

63

सर्फ़ होता हूँ दलीलों की तरह

फ़ैसलों में नहीं वजूद मिरा
सर्फ़ होता हूँ दलीलों की तरह

गाँव में मेरे अगर आओगे
दिल को पाओगे कबीलों की तरह

मैं मुहाफ़िज़ हूँ बहारों का, मुझे
सब बरतते हैं फ़सीलों की तरह

मेरे अतराफ़ हैं सब कोह-ए-अना
दरमियाँ उनके मैं टीलों की तरह

आँख में तिशनगी बला की, मगर
दृश्य हैं सूखी सबीलों की तरह

पालना आपसे सीखे कोई
दो कदम दूरी को मीलों की तरह

सबील = प्याऊ

64

ख़्वाब हमने किया हलाल नहीं

किसी सफ़र का हो मलाल नहीं
सिर्फ़ मंज़िल का हो इक़बाल नहीं

सबके अपने अलग तजरबे हैं
कोई रह राह-ए-जवाल नहीं

तिरा वजूद मेरी जड़ में है
क्या हुआ ग़र तू डाल डाल नहीं

रिंद मौजूद थे जनाज़े में
क्यों हुआ फिर कोई धमाल नहीं

टूटे पत्तों को ये एहसास ना दो
अब कोई उनका इस्तेमाल नहीं

चश्म-ए-बेदार में रक्खा तुमको
ख़्वाब हमने किया हलाल नहीं

जवाल = पतन

65

गूँगी गुड़िया ज़बान पाएगी

जब मोहब्बत उड़ान पाएगी
रूह ख़ुद पे निशान पाएगी

नक़्श-ए-पा आपके बनेंगे तो
ये ज़मीं आसमान पाएगी

दौर बदला तो तमन्ना बूढ़ी
ख़ुद को फिर से जवान पाएगी

तेरी शिरकत ना हो तो मेरी निगह
महफ़िलों को वीरान पाएगी

आपने हौसला ना छोड़ा तो
हर समस्या निदान पाएगी

आएगा दौर बहुत जल्दी, हर
गूँगी गुड़िया ज़बान पाएगी

66

मेरी बाहों में ग़र सुकूँ ना मिले तो कहना

अंधेरी रात में ना धूप खिले तो कहना
मेरी बाहों में ग़र सुकूँ ना मिले तो कहना

तुम्हारी तीरगी को नूर की तलाश हो तो
हमारी आँख में दीपक ना जले तो कहना

आज अचकन में सजे हो के जो इतराते हैं
कल वही फूल ना हों पाँव तले तो कहना

ख़िज़ाँ की फ़स्ल को नफ़रत से देखने वाले
तुझे बहार का मौसम ना छले तो कहना

देख के सिर्फ़ चमक तुम जिसे उठा बैठे
कल वो बाज़ार में सिक्का ना चले तो कहना

मैं आफ़ताब अगर हूँ तो तुम उफुक हो मेरे
तेरे दामन में ये सूरज ना ढले तो कहना

67

आब पत्थर से निकालो तो हुनर मानेंगे

तुम हमें अपना बनालो तो हुनर मानेंगे
आब पत्थर से निकालो तो हुनर मानेंगे

जिस भी मंजर में तुम्हारी नहीं शिरकत उसको
मेरी नज़रों से चुरा लो तो हुनर मानेंगे

र.ख़्त-ए-जीवन की इस पुरहौल तंगदस्ती में
तुम किसी ख़्वाब को पालो तो हुनर मानेंगे

कट चुका है जो समरदार शजर यादों का
उस को दोबारा उगालो तो हुनर मानेंगे

सुर्ख़ियाँ तो हर किसी को सुरूर देती हैं
गुमशुदी का भी मज़ा लो तो हुनर मानेंगे

68

मिट्टी के पुतले कुम्हारों पे पहुँचे

खिजाओं की रह से बहारों पे पहुँचे
अंधेरों में चल के सितारों पे पहुँचे

अकेले में हमने जो लिक्खी थीं ग़ज़लें
बजरिये उन्हीं के हज़ारों पे पहुँचे

उगाया था दानिशवरों ने यहाँ जो
समर उस शजर के गँवारों पे पहुँचे

कब्र में समा के लगा जैसे वापस
मिट्टी के पुतले कुम्हारों पे पहुँचे

दरख़्तों से मिलने कई बार यूँ ही
हमारे कदम रहगुज़ारों पे पहुँचे

69

मगर सारे इंसान पत्थर से निकले

बहुत जल्दी जल्दी वो थे दर से निकले
बहुत धीरे धीरे तसव्वर से निकले

वफ़ा के भरम जब शिकस्ता हुए तो
किताबों से गुल, बन के ख़ंजर से निकले

नदी के लिए चाहतों के फ़क़त कुछ
ये दो चार कतरे समन्दर से निकले

मैं था अजनबी फिर भी मेरे गमों में
क्यों आंसू निगह-ए-क़लन्दर से निकले

नये इश्क़ कैसे उगाता, शहर में
दिलों में सभी खेत बंजर से निकले

पिघलने लगे मेरे छूने से पत्थर
मगर सारे इंसान पत्थर से निकले

70

आईनों से सवाल क्या करना

आईनों से सवाल क्या करना
अक्स धुंधला, मलाल क्या करना

तुम को पहचान लिया ख़ुशबू से
आँख का इस्तेमाल क्या करना

तालियाँ बिक चुकी हैं पहले से
मंच पर अब कमाल क्या करना

एक दिन की है फ़क़त ईद मेरी
एक जीवन हलाल क्या करना

राह से इश्क़ कर लिया हमने
अब सफ़र का म'आल क्या करना

जिन इरादों की कोई क़द्र नहीं
उन को छोड़ो, आमाल क्या करना

71

अच्छा लगा तुमसे ख़्वाबों में मिलना

मुरझायी यादों को शादाब करता
शगुफ्ता गुलों का किताबों में मिलना

रहे पूरे दिन तुम मेरे साथ फिर भी
अच्छा लगा तुमसे ख़्वाबों में मिलना

क़सीदे तेरी शान में क्यों पढ़ें हम
हक़ीक़त की तस्वीर काहे गढ़ें हम

बड़ी बात थोड़े ही है नूर का यूँ
फ़लक पे हमें माहताबों में मिलना

तुम्हें खो के पाने का अपना मज़ा है
दोबारा से उगने को सूरज ढला है

मिलो जब हमें शाम को नाज़नीं तुम
तो पहले के जैसा हिजाबों में मिलना

ना दिल से मेरे, ना तसव्वर से निकले
तुम मंजर नहीं पस-ए-मंजर से निकले

मेरी तशनगी ने तो माँगे थे कतरे
मगर आपका यूँ सैलाबों में मिलना

सुकूँ बन के मुझसे अजाबों में मिलना
अच्छा लगा तेरा ख़्वाबों में मिलना

72

सच अगर जो ना तोतले होते

सच अगर जो ना तोतले होते
उनके के हक़ में भी फ़ैसले होते

तुम जनाज़े में नज़र आए हो
काश पहले कभी मिले होते

छाँव की अहमियत समझते, अगर
तुम कभी धूप में जले होते

ये ग़ज़ल आपकी ही है वरना
लफ़्ज़ साँचे में ना ढले होते

आप जिन में नज़र नहीं आते
काश मंजर वो धुंधले होते

73

नहीं मुमकिन है शाही हुक्म की तामील हो जाना

शरर हैं हम, हमारा ओस में तब्दील हो जाना
नहीं मुमकिन है शाही हुक्म की तामील हो जाना

सवाबों में बड़ा अव्वल है दर्जा इस इनायत का
किसी की तीरगी में आपका कंदील हो जाना

तुम्हारी इक झलक की अहमियत ऐसी लगे जैसे
अधूरे ख़्वाब की, बेसाख़्ता, तामील हो जाना

इसी जेरो जबर में उम्र के अय्याम गुजरे हैं
हमारी कोशिश-ए-हल, आपका मुश्कील हो जाना

लबों को मुख़्तसर रखने की मजबूरी का ये हल है
मोहब्बत में निगह का आपकी तफ़सील हो जाना

मुश्कील - मुश्किल के लिये प्रयोग किया गया है

74

लफ़्ज़ साँचे में ढल के निकलेंगे

अपना मानी बदल के निकलेंगे
लफ़्ज़ साँचे में ढल के निकलेंगे

जो ग़ज़ल आज पढ़ रहा हूँ मैं
उसमें से अक्स कल के निकलेंगे

थोड़ा ए'तबार शिकन कर देखो
कई प्याले गरल के निकलेंगे

तोलें ईमान के तराज़ू पे
ऊँचे पर्वत भी हल्के निकलेंगे

ख़ाक के रास्ते से कुछ, तो कुछ
आतिशों में से जल के निकलेंगे

एक मक़ाम-ए-अदम पे जाने को
जिस्म रस्ते बदल के निकलेंगे

चश्म-ए-बेज़ार रहेगी तो फिर
रंग मंजर के हल्के निकलेंगे

मैं तसव्वुर को पाक रखूँगा
अच्छे चेहरे ग़ज़ल के निकलेंगे

75

अहमियत हासिलों से आती है

वो घड़ी मुश्किलों से आती है
जब सदा संगदिलों से आती है

काविशों को अधूरा मत छोड़ो
अहमियत हासिलों से आती है

नाव एक, चूमने समन्दर को
टूट कर साहिलों से आती है

चाँदनी ताज से लिपटने को
देखो किन फ़ासलों से आती है

मुझको जन्नत नशीन करने की
क्यों दुआ कातिलों से आती है

मेरी तनहा पसंदगी की वजह
इन अबस महफिलों से आती है

76

नूर परछाइयों से आता है

इश्क़ जब भी ख़ुलूस पाता है
नूर परछाइयों से आता है

हमने साज-ए-सुरूर छेड़ा, निकल
दर्द शहनाइयों से आता है

बद-निजामत में साहिबानों को
हुक्म बलवाइयों से आता है

ये सियासत है, यहाँ प्याले में
हर ज़हर भाइयों से आता है

महफ़िलें जब अज़ाब देती हैं
कैफ़ तन्हाईयों से आता है

चलो अब पुल बना लिया जाए
मशविरा खाईयों से आता है

77

इंद्र सच सच बताना

चश्म में भी कभी कभी झांको
सिर्फ़ लब पर गिले नहीं होते

हम भी चेहरा सजा के रखते तो
इस कदर एकले नहीं होते

भूल ज़ाया करो वफ़ा करके
हर वफ़ा के सिले नहीं होते

ये वो वीरान राह है जिस पर
अमूमन क़ाफ़िले नहीं होते

कैफ़ मिलता है कशमकश में हमें
इसलिए फ़ैसले नहीं होते

इंद्र सच सच बताना जन्नत में
लोग क्या दोगले नहीं होते

78

जिस सम्त देखिए, वहीं बाज़ार सजे हैं

कागज़ों के गुलों से यहाँ रूखसार सजे हैं
जिस सम्त देखिए, वहीं बाज़ार सजे हैं

ता-उम्र संगसार जमाना हमें किया
लेकिन कब्र पे अपनी कई हार सजे हैं

ये वो गली है जिसके हर आँगन में अंधेरे
लेकिन सभी के द्वार ओ दीवार सजे हैं

अब तक भी हमें ठीक से पहचानता नहीं
जिस आईने के रूबरू सौ बार सजे हैं

बच्चों की तरह ख़्वाब में बहलाया पर सुबह
क़िस्मत तुम्हारे होंठों पे इनकार सजे हैं

79

हमें मत बख़्श काशाने, किसी बेघर को घर दे दे

पराये दर्द को अपना बनाने का जिगर दे दे
हमें मत बख़्श काशाने, किसी बेघर को घर दे दे

हमारे पास भी अल्लाह, नई दुनिया का नक़्शा है
हमें बस एक दिन के वास्ते अपना हुनर दे दे

जिन्हें मंज़िल मिली है उनको देता हूँ मुबारकबाद
मेरे मालिक मुझे तो तू क़यामत का सफ़र दे दे

दी तूने फूल को ख़ुशबू, नदी को धार, मह को नूर
बड़ी व्याकुल हैं शमशीरें, उन्हें कुछ तो सबर दे दे

मज़ा तब, इक नशेमन माँगें तेरे शाख़-ए-दिल पे हम
मगर होकर मेहरबाँ तू हमें पूरा शजर दे दे

बहुत वीरान हैं ये ख़ुदकुशी के रास्ते मालिक
हयाते बिसमिलों को दूसरी राह-ए-मफ़र दे दे

राह-ए-मफ़र = बचाव का रास्ता

80

हमारे नाम की घड़ियाँ कहाँ गुज़ारेंगे

शब-ए-फ़िराक़ को पुर-हौसला गुज़ारेंगे
तुम्हारी यादों का एक क़ाफ़िला गुज़ारेंगे

तुम्हारी एक तारीफ़ी निगह मिले जो सनम
तो हम हयात सर-ए-आईना गुज़ारेंगे

हमें ये इल्म है कि आप शाम को जाकर
हमारे नाम की घड़ियाँ कहाँ गुज़ारेंगे

हरूफ़ चंद आप लिख के हमें भेजो, उन्हें
नज़र के रूबरू मंजर बना गुज़ारेंगे

हमारे नाम लिखे जाएँगे उमर के बरस
मगर वो दौर तो हम आपका गुज़ारेंगे

हर एक दीवार में से रास्ता गुज़ारेंगे
हम तो सहराओं से आब-ए-रवाँ गुज़ारेंगे

81

जुनून थोड़े हवाओं के इख़्तियार में था

चिराग़ बुझते हुए भी अलग खुमार में था
जुनून थोड़े हवाओं के इख़्तियार में था

हुजूम-ए-चश्म-ए-तर में खोज रहा था मुर्दा
कोई फ़र्द जो तह-ए-दिल से सोगवार में था

हमारे दर्द सारे हो गये फ़ना पल में
खुलूस जब भी दोस्त तेरे सरोकार में था

मज़ार पे उसी शिद्दत से जले है दीया
जैसे शिद्दत से वो रौशन किसी त्योहार में था

ज़रूर रास्ता कोई हर एक दीवार में था
जो इरादों में रहा, वो ही रह-गुज़ार में था

82

आप ख़ुद भी तो उस रह से कहाँ गुजरते हैं

उसूल आपके हम पर गराँ गुजरते हैं
आप ख़ुद भी तो उस रह से कहाँ गुजरते हैं

मैंने तो चाँद से कहा तू आसमाँ में नहीं
तेरे दयार से तो आसमाँ गुजरते हैं

उनसे दरख्वास्त है जुल्मों की दास्ताँ लिक्खें
जो अपनी आँखों से परदे हटा गुजरते हैं

रह-ए-हयात से यूँ तो हर एक बशर गुजरे
मगर विरले ही छोड़ नक़्श-ए-पा गुजरते हैं

किसी भी मोड़ पे टकराते नहीं क्यों मुझसे
वो जो हर रोज़ सर-ए-हाफिज़ा गुजरते हैं

हस्सास शख़्स हूँ, तनहा कभी नहीं रहता
मेरी यादों में सदा कारवाँ गुजरते हैं

हाफिजा = याददाश्त

83

चंद दिन से तेरे नश्तर की धार ग़ायब है

चंद दिन से तेरे नश्तर की धार ग़ायब है
मुझे वहम है तेरे दिल से प्यार ग़ायब है

तुम्हारे दर पे मेरा एहतराम बहुत हुआ
मगर नज़र से तेरी इन्तज़ार ग़ायब है

मैं जिसे ख़्वाब में पिंजरे में क़ैद करता हूँ
सहर में नींद खुले तो शिकार ग़ायब है

ये दौर-ए-ज़िन्दगी वो है कि सज गये प्याले
है मय भी क़ीमती लेकिन खुमार ग़ायब है

मैं मो'हतात हुआ इल्म ओ खिरद को पाकर
मेरे ख़मीर में था वो अय्यार ग़ायब है

सिमट गया मेरा वजूद जिस्म तक मेरे
नहीं जो तू मुझे हासिल, हिसार ग़ायब है

गुल-ए-औराक से सबने चमन सजाए थे
किसी से कह ना सके हम, बहार ग़ायब है

84

हमने आज एक दीवार में रस्ता बना लिया

चेहरे को पढ़ के दिल का भी नक़्शा बना लिया
हमने आज एक दीवार में रस्ता बना लिया

तोहफ़े बड़े ही क़ीमती हासिल किए तुमने
दरबार में ख़ुद को मगर सस्ता बना लिया

हारी हुईं ये चंद बाजियाँ क्या जीत लीं
हमको सभी ने ताश का पत्ता बना लिया

हर तल्ख़ मरासिम के गुनहगार हमीं हैं
हमने ना जाने हाल क्या ख़ुद का बना लिया

हिस्सा बनाया था जिन्हें वो टूट जब गये
हमने उन्हें गुजरा हुआ क़िस्सा बना लिया

सजदे के बाद करने लगे शिकवे ख़ुदा से
लगता है उससे आपने रिश्ता बना लिया

85

गोया हमसे मिल फ़रिश्ता आदमी हो जाएगा

लाज़िमी है चेहरे को रखना सजाकर, आईने
वरना दुनिया की तरह तू अजनबी हो जाएगा

आज मुफ़लिस हूँ तो हर कोई चुराता है नज़र
गोया हमसे मिल फ़रिश्ता आदमी हो जाएगा

तुम बिछुड़ जाओगे तो बढ़ती रहेगी उम्र तो
ज़िन्दगी का पर वो लम्हा आख़िरी हो जाएगा

शायरी बस लफ़्ज़ों में ही हो, जरूरी तो नहीं
जिस में तू मौजू, वो मंजर शायरी हो जाएगा

शबख़्वाबी में तो अपने मन की दुनिया देखले
पौ फटेगी तो हवाले आगही हो जाएगा

तुझ को खोकर हमने तेरा बुत बनाया हाथ से
इस तरह से ही सही तू हमनशीं हो जाएगा

86

हम चौदहवीं का चाँद बने हैं हिलाल से

ऐसे हैं हम निकले हुए तेरे ख़्याल से
टूटे हुए बर्ग ज्यों दरख़्तों की डाल से

हम हो गये हैं रफ्ता रफ्ता नेक आदमी
हम चौदहवीं का चाँद बने हैं हिलाल से

ये बात ठीक है कि इरादे हैं लाज़िमी
मंज़िल मिलेगी आपको उनके आमाल से

जारी है सफ़र हासिल-ए-मक़ाम बाद भी
मंज़िल का त'अल्लुक क्या सफ़र के म'आल से

अपनी मिसाल दो कोई, क़बूल करूँगा
मुझ को ना परखिए किसी दीगर मिसाल से

हिलाल = नया चाँद

87

आप ख़ुद को एक दिन शीशा बदल कर देखिए

आगही की धुँध से बाहर निकल कर देखिए
बेख़ुदी में तिफ़्ल की माफ़िक़ मचलकर देखिए

बहुत मुमकिन है कि चेहरा आपका बेदाग़ हो
आप ख़ुद को एक दिन शीशा बदल कर देखिए

रूह को ठंडक अता कर जाएगी ये सोज-ए-दिल
इश्क़ की इस आग में कुछ रोज़ जलकर देखिए

हमको आता है जवाँ करना हर एक अरमान को
आप मेरी चश्म के दामन में पलकर देखिए

ज़िन्दगी को फ़र्ज़ का दर्जा अता करना है क्यों
ज़िन्दगी को आप एक शौक़ ओ शग़ल कर देखिए

88

चलो करें ख़ुदा से अब कुछ दिल्लगी मौला

इश्क़ की राह से गुजरा करो कभी मौला
तुमको सजदों से तो मंज़िल नहीं मिली मौला

जमाने ने तुम्हें छोटा ख़ुदा बनाया है
हमारे साथ रह के हो जा आदमी मौला

हमने सीखी थीं उससे दीन-ओ-इल्म की बातें
बदले में सीख गया हमसे शायरी मौला

हर एक आदमी नाशाद नज़र आता है
सेहर है ज़िन्दगी से हासिल-ए-ख़ुशी मौला

नमाज़ हो गई अता, चले गये हैं सब
चलो करें ख़ुदा से अब कुछ दिल्लगी मौला

89

सोज-ए-दिल बहुत किफ़ायत से धुआँ करते हैं

ना मोहब्बत के इश्तिहार हुआ करते हैं
सोज-ए-दिल बहुत किफ़ायत से धुआँ करते हैं

उनकी नजरों में दिखे मुझको दाद के शोले
वो मेरी ग़ज़ल तन्हाई में ख़्वाँ करते हैं

तेरी आँखों में उतरने का हुनर सीखेंगे
तेरे ये लब कहाँ तकलीफ़ बयाँ करते हैं

हमको देते हैं बुलावा मगर ख़ुद आते नहीं
आप हमको भरी महफ़िल में तनहा करते हैं

जो शजर अपनी ज़मीनों से जुड़े रहते हैं
वो ही तो हैं जो आसमान छुआ करते हैं

90

कुछ रोज़ गुनाहों की निदामत में गुज़ारें

मजरूह परिंदों की अयादत में गुज़ारें
कुछ रोज़ गुनाहों की नदामत में गुज़ारें

माना कि है मसरूफ़ियत की इंतिहा तुम्हें
लम्हात चन्द तो मेरी हसरत में गुज़ारें

हमसायगी मिली है अदू कब्रगाह में
क्यों ना ये दौर हम तुम रिफ़ाक़त में गुज़ारें

मेरे दीयों का नूर इस्तेमाल कीजिए
मावस की रात अपनी ना जुलमत में गुज़ारें

दिन भर तो फ़ासलों के हवाले थे मैं और तुम
आओ हसीन शाम तो कुरबत में गुज़ारें

अयादत = हाल पूछना; नदामत = पछतावा

91

लफ़्ज़ों को दूँगा करीना मैं ग़ज़ल होने तक

काविशें पाने की तुमको तमाम उम्र रहीं
तुम ना हासिल हुए क़िस्मत का फ़ज़ल होने तक

खूबसूरत तो बहुत है तेरी चाहत की फ़ज़ा
वक्त काफ़ी लिया बीजों ने फसल होने तक

दोनों ही ओर से उड़ गए हैं कबूतर लेकिन
शाम हो जाएगी ख़त अदल बदल होने तक

ज़िन्दगी एक पहेली की तरह पेश आई
सिर्फ़ और सिर्फ़ मेरे ख़ुद के सरल होने तक

मुंतज़िर हूँ मैं तेरे लब से पहल होने तक
लफ़्ज़ों को दूँगा करीना मैं ग़ज़ल होने तक

92

चलो तुम्हें अब एक देवता बनाते है

लगाव दिल के, खुद ही रास्ता बनाते हैं
वो जलती धूप को भी छाँव सा बनाते हैं

अभी बस एक अश्क़ है मेरी निगाहों में
क्यों दूर जाके इसे क़ाफ़िला बनाते हैं

नक़ाब बोझ सा लगने लगा जब साँसों पे
हमने ये तय किया, चेहरा नया बनाते हैं

जिगर के हादिसे को सब से छुपाना हो तो
हमारे होंठ कोई कहकहा बनाते हैं

हमारा भर गया है दिल तेरी मोहब्बत से
चलो तुम्हें अब एक देवता बनाते है

93

नदी तेरे लिए साहिल में तलब मौजू है

अभी तो धड़कनों, साँसों में तरब मौजू है
हमारे पास ज़िन्दगी का सबब मौजू है

नहीं है इज्न सनमखाने में शिरकत का हमें
तो क्या गिला ज़र्रे ज़र्रे में ही रब मौजू है

तुम्हारी तल्ख़-बयानी कोई मजबूरी है
तुम्हारी नीम-निगाही में अदब मौजू है

आईनों से नहीं उम्मीद वफ़ा की करना
जब तलक आपके चेहरे पे नक़ब मौजू है

ना रंज कर जो समन्दर ने फेर ली आँखें
नदी तेरे लिए साहिल में तलब मौजू है

94

रब्त क़ायम है भले रस्म निभाई ना है

दूरियाँ तो हैं मगर तुमसे जुदाई ना है
रब्त क़ायम है भले रस्म निभाई ना है

तखत-नशीन हैं, मस्तक पे ताज हैं उनके
अहल-ए-दरबार जिनके आबलापाई ना है

वफ़ा तो फूल की ख़ुशबू की तरह मिलती है
ये कोई जिंस-ए-कासा-ए-गदाई ना है

हमारे पास है दौलत तमाम दुनिया की
मगर ऐ जान तेरा दस्त-ए-हिनाई ना है

95

तेरे यक़ीं में नहीं है, जो ऐहतिमाल में था

तेरे यक़ीं में नहीं है, जो ऐहतिमाल में था
खुलूस-ए-इश्क़ था जो तेरे हर सवाल में था

तमाम उम्र उसे पैकरों में ढूँढा मैंने
वो एक शख़्स जो मेरे सिर्फ़ ख़्याल में था

मैं कामयाब समझता रहा हमेशा मुझे
मैं था वो क़ीमती सामाँ जो इस्तेमाल में था

हमारी बुलबुलों के पास बाल-ओ-पर ना थे
वो तो सूराख बड़ा था जो मेरे जाल में था

परिंद ज़ख़्मी था फिर भी ना रुका था कोई
ना जाने कौन आदमी की ख़द-ओ-खाल में था

एहतिमाल = शक

96

तेरी तस्वीर को देखूँ तो सदा आती है

मेरे सन्नाटों की बेवक़्त क़ज़ा आती है
तेरी तस्वीर को देखूँ तो सदा आती है

मैंने मंदिर में किया जब जरस पे लेकिन
मेरे गोशों में तो आवाज़-ए-अजाँ आती है

नाज तू नाज़ अब इतना भी ना कर अपने पे
तुझ से बेहतर तो शहंशाह को अदा आती है

ताजिराँ भी हैं हमामों में, सियासत-दाँ भी
देखते हैं कि किसे पहले हया आती है

अहल-ए-तुर्बत हुआ मज़लूम तो बोला हमसे
यार इस पिंजरे में थोड़ी तो हवा आती है

तेरी तस्वीर को देखूँ तो सदा आती है

97

शीशमहलों में नाजनीं तनहा

शीशमहलों में नाजनीं तनहा
आईने सौ, एक महजबीं तनहा

भीड़ है जिसके जनाज़े में यहाँ
गुजरी है उसकी ज़िन्दगी तनहा

चलो एक सिलसिला बनाते हैं
हम भी तनहा हैं, आप भी तनहा

इस नुमाइश में सब फ़रिश्ते हैं
और मैं हूँ एक आदमी तनहा

चाँद जैसा वजूद है मेरा
आसमानों में एक ज़मीं तनहा

दाद देकर निकल गई दुनिया
मंच पे रह गया कवि तनहा

हम ना अहल-ए-हरम रहे मौला
कर रहे थे पर बन्दगी तनहा

98

मुफ़लिसी में भी ना एहसान किसी का रखना

नहीं दस्तार को मस्तक से अलहदा रखना
मुफ़लिसी में भी ना एहसान किसी का रखना

तंगहाली ने भी हमको ये नसीहत दी थी
घर हो छोटा सा, कलेजा मगर बड़ा रखना

मैंने तन्हाई में लिक्खी थीं जो ग़ज़लें उनका
जब हों शाया तो उनवान काफ़िला रखना

इश्क़ क्या चीज़ है, आफ़ाक बताता है हमें
भूल बैठा फलक जमीं से फ़ासला रखना

हम क्यों टूटे हुए चेहरों से हुए थे रुसवा
याद आया नहीं रु उनके आईना रखना

99

कैनवस तुझ में घट गया मंजर

बेख़ुदी में पलट गया मंजर
हमसे आकर लिपट गया मंजर

बंद आँखों में कुशादा था मगर
आँख खोली, सिमट गया मंजर

आयतों की तरह हर्फ़ दर हर्फ़
मेरी नज़रों को रट गया मंजर

खुशमिज़ाजी में खूबसूरत था
पर ख़लिश में उचट गया मंजर

कोई तस्वीर हक़ीक़त सी ना थी
कैनवस तुझ में घट गया मंजर

100

ये बड़ा घर और तुम मकीं तनहा

त'अल्लुक़ हो गया हज़ारों से
जब मिले जा के ख़ाकसारों से

आज की रात बाम पे रह कर
बात करनी है चाँद तारों से

मिट्टी वो भी तराश लेते हैं
जान डलती नहीं कुम्हारों से

है ज़रूरी कि सियासत सीखे
कुछ उसूलात भी बाज़ारों से

हैं निशानात कुछ मौजू, दरिये
कभी गुजरे थे रेग़ज़ारों से

ये बड़ा घर और तुम मकीं तनहा
तुम नहीं डरते क्या दीवारों से

कैसे बतलाएँ ये तिजोरी को
रहे मो'हतात पासदारों से

101

मैं जुनूँ हूँ, तू हद की बात ना कर

मुझसे इल्म-ओ-खिरद की बात ना कर
मैं जुनूँ हूँ, तू हद की बात ना कर

तेरी दुनियाँ में औरतें भी हैं
मौला केवल मरद की बात ना कर

ऐसा थोड़े ही कभी होता है
इश्क़ की कर, दरद की बात ना कर

आज आलम-ए-बेख़ुदी है मेरा
आज जद्दो-जहद की बात ना कर

चंद दिन का खुलूस-ए-इश्क़ बख्श
हमसे उम्र-ए-अबद की बात ना कर

उम्र-ए-अबद = अमरत्व

102

मरुथल में बूँदा बाँदी सी

मरुथल में बूँदा बाँदी सी
चमके है सोना चाँदी सी

सर्दी के मौसम में लागे
ये धूप कोई शहज़ादी सी

मन रोज़ बनावे नियम कड़े
पर चाहत है जेहादी सी

जब तू रहवे संग में घर में
तभी लागे है आबादी सी

तू बोले है तो फूल झरें
तेरी चुप्पी में जल्लादी सी